MON VOYAGE

A PRAGUE.

Vue de Prague.

Lith. de A. Fontrouge

MON VOYAGE

A PRAGUE,

PAR BERARD,

AUTEUR DES *Cancans.*

PARIS,

CHEZ GÉRARD, ÉDITEUR, RUE St DENIS, N° 7,
PRÈS LA PLACE DU CHATELET;

BOUQUIN DE LA SOUCHE, LIBRAIRE PASSAGE
VENDÔME, N. 15;

ET TOUS LES MARCHANDS DE NOUVEAUTÉS.

1833.

Imprimerie de L.-E. HERHAN, rue St-Denis, n. 380.

ROYALISTES,

Je viens de faire le voyage de Prague, j'ai vu cette famille, objet de nos plus chères affections et je vous adresse toutes les pensées qu'un spectacle si touchant a éveillées dans mon esprit et dans mon cœur. J'imprime comme j'ai écrit, sans ordre, ni choix, ni prétention. C'est un cancan, en attendant les autres, mais celui-là au moins est sans colère ; c'est comme une heure de calme après l'orage ou une halte au milieu de ma course orageuse. J'espère que le pouvoir me saura gré de ce moment de relâche que je lui accorde; qu'il se hâte cependant d'en jouir, car il ne sera pas long.

Je n'ai quitté la prison pour l'exil qu'afin de me livrer avec plus d'ardeur à la défense de la cause sacrée de la légitimité. Ma santé, affaiblie par une année de persécution, m'avait réduit à ce point, qu'il me fallait opter entre la fuite ou le silence, j'ai préféré la fuite.

Des obstacles, qui depuis m'ont arrêté dans mes publications, je n'accuserai ni l'impéritie, ni le mauvais vouloir de ceux qui s'étaient faits forts de me seconder: je veux croire qu'ils ont agi en tout consciencieusement, et, sans chercher à m'expliquer les motifs qui les ont constamment arrêtés au moment de l'exécution, j'attribue leur inaction aux difficultés qu'ils ont dû rencontrer et n'ont pu surmonter. Toutefois, je n'ignore pas que l'espèce de célébrité, méritée ou non, que j'ai acquise m'a suscité bien des envieux. Dans le court trajet qui séparait Sainte-Pélagie de mon exil, j'ai entendu bien des bas propos que la jalousie semait secrètement contre moi ; mais qui ne sait que tous les partis traînent à leur suite une foule oisive et aboyeuse, que le jour du triomphe voit partout, que celui du danger ne voit nulle part ; rameaux parasites, dont la grande aptitude est de se hausser et de faire un peu de bruit aux dépens des autres, sans toutefois se compromettre.

Serai-je assez malheureux pour me voir réduit par eux à me justifier, afin

qu'on croie encore à mon dévoûment?
Dieu m'en garde; je me contente de jeter mon gant dans l'arène, en criant
de toutes mes forces : « Que celui-là qui
m'accuse, sans avoir fait autant que
moi pour la cause, le relève! »

BÉRARD.

BALLADE.

✻

Voyez-vous pas les tours sans nombre,
Qui jettent tristement léur ombre
Au fleuve immobile et glacé ?
Voici la ville aux cent églises,
Avec ses gothiques dévises
Et son château du tems passé.

✻

Oh ! qu'il est pâle le Hradschine *,
Quand, se levant sur la colline,

---

* On écrit *Hradschin* ; en ajoutant un *e* j'ai écrit
comme on prononce.

La lune argente ses arceaux ;
Quand, à pas lents quittant sa bière,
L'ombre d'Oulkinga la sorcière
Apparaît sanglante aux vitraux.

Que de fois sa main grêle trace
Des mots mystérieux qu'efface
L'aube du jour, frappant le seuil.
Alors fuit, d'une aile légère,
La triste effraie ; et la sorcière
Regagne en pleurant son cercueil.

Que fais-tu là, figure errante,
Es-tu maudite ou pénitente
Fille du crime ou de l'espoir ;
Qui t'amène, et sous quels auspices
Jettes-tu tant de maléfices
Aux lambris sourds de ce manoir ?

Tous les rois de ce trône antique
Sont couchés dans la basilique ;

L'âtre est froid sous leur toît désert ;
En cheminant de voûte en voûte,
Qu'on les appelle et qu'on écoute,
La voix retentit et se perd.

Mais voici qu'advient en Bohême,
Sans char, ni cour, ni diadême,
Un jeune enfant aux blonds cheveux ;
Sous ses pas le manoir ressaute :
Oulkinga dit : « voici mon hôte.....
Sois bien venu, fils de mes vœux ».

Alors donc que la nuit est close,
Au chevet où l'enfant repose,
L'ombre accourt en hâte et s'assied,
Et bientôt de sa main livide
Arrange sur son front timide
Une couronne qui lui sied.

« Salut à toi, né d'un miracle,
» Écoute mon dernier oracle

» *Enfant, bientôt tu seras Roi :*
» *Voici déjà ton diadême ;*
» *Chaque nuit, au front anathême,*
» *J'irai le dérober pour toi* ».

L'enfant s'éveille, et l'ombre passe ;
Mais, son beau front garde la trace
Du mystique et royal bandeau.
Et sitôt que son œil s'affaisse
Oulkinga vers son lit se baisse
Et le couronne de nouveau.

Or, chaque nuit, à la même heure,
Un homme aussi dans sa demeure
Croit voir la même ombre en rêvant,
Elle a toujours cette couronne.....
Quand l'enfant croit qu'on la lui donne
L'homme rêve qu'on la lui prend.

CHAPITRE PREMIER.

***

Le 4 mars au matin, je vis entrer chez moi deux hommes qui me dirent : Nous voici, MM. de Maynard père et fils, royalistes, vendéens, quittant la France en grand souci des mouchards. Nous allons à Prague saluer le Roi de France ; voulez-vous venir avec nous ?

Je leur dis : Soyez les bien-venus, mes

frères en douleurs ; s'il plaît à Dieu, j'irai avec vous à Prague, saluer le Roi de France et le lendemain nous partîmes.

La route de Bohême est longue, et les difficultés grandes pour des gens qui ne parlent pas la langue du pays; malheureusement, après nous être mutuellement communiqué nos ressources sur ce point, il se trouva qu' à nous trois nous possédions précisément deux mots d'allemand, savoir: *Brot et Fleisch*, qui signifient, quand on a le talent de les bien dire, pain et viande, sinon rien. Cela nous parut merveilleux pour nous tirer d'affaire, et nous avançâmes; quand nous avions besoin d'un objet quelconque, M. de Maynard disait Brot, moi j'ajoutais Fleisch et je ne sais comment les choses tournaient, mais nous étions toujours servis à souhait.

Cette manière de voyager, avec un sens de

moins nous amusa fort les premiers jours,
mais, à mesure que nous avancions, soit
que les fatigues de la route, en multipliant
nos besoins, nous rendissent plus exigeans,
soit que le peuple du fond de l'Allemagne,
n'ait plus cette intelligence instinctive du
son et des gestes que possède celui des frontières, continuellement en rapport avec la
France ; dès le troisième jour, il nous était
devenu impossible de nous faire comprendre.

Arrivés à Francfort, nous nous y arrêtâmes
quelques heures ; c'est, comme on sait, une
des belles villes de l'Allemagne, mais ville
de chiffres et de trafic ; beaucoup de palais pour loger des Marchands et de Juifs,
des fortunes considérables qui ne brillent
qu'en rouleaux et en sacs.

Francfort est la capitale des écus, la ban-
que générale de l'Europe ; nous lui otâmes

notre chapeau , par respect humain , pour ne pas nous attirer l'animadversion des idolâtres et nous continuâmes notre route vers Leipsick , en passant par toutes les Saxes et les Hesses possibles.

Nous voyons successivement défiler sous nos yeux , comme dans un Diorama, les villes de Nassau , Fulda , Gotha , Erfürt, Veimar et Naumbourg à qui nous demandions en courant, tantôt un dîner , tantôt un gîte et toujours des souvenirs ; ceux - ci nous arrivaient en foule ; ces lieux en sont pleins; pas un arbre , pas une pierre , sur cette route battue par la gloire, qui n'ait à témoigner de quelques faits éclatans , ou de quelque mort glorieuse : entrions-nous dans une auberge, le premier objet qui frappait nos regards , c'était le portrait de Napoléon suspendu au mur enfumé , on eut dit le grand patron du pays , et c'était bien merveille si l'hôte n'avait pas servi quelque part dans la vieille garde, et ne s'empressait de s'en glorifier en relevant la tête.

On ne comprend pas l'espèce de culte que ces peuples rendent à la mémoire d'un homme qui leur a fait tant de mal, si ce n'est qu'ils sont fiers d'avoir joué un rôle, n'importe lequel, dans le drame sanglant de sa vie.

Après la révolution de Juillet, la propagande chercha à exploiter à son profit les glorieux souvenirs que ces peuples nous gardent; elle vint, l'image du héros à la main, leur parler de liberté et d'affranchissement; toujours lents à se décider, ils s'émurent néanmoins et tournèrent la tête vers la France pour voir s'il ne surgissait pas des trois jours quelque chose de semblable à la grande armée, ou à son chef.

Sans doute, leur étonnement fut grand,

et ce qu'ils virent dut leur paraître étrangement misérable et petit, puisque les envoyés de la révolte, au lieu du concours sympathique qu'ils s'attendaient à rencontrer, ne reçurent de la part des populations désabusées, que des témoignages d'indignation et de mépris.

Il était nuit le 6ᵉ jour lorsque nous entrâmes à Leipsick; ce ne fut donc qu'à la lueur des réverbères que nous saluâmes la patrie de Leibnitz et le tombeau de Poniatowski; de loin, nous vîmes couler l'Elster, aussi pur, aussi paisible que s'il n'avait pas eu à se reprocher la mort d'un vaillant guerrier.

Ce fut à Leipsick que le destin de Napoléon s'accomplit, c'est à l'issue de cette funeste déroute qu'il put s'apercevoir que sa fortune avait changé. La grande armée venait de faire ses adieux à l'Europe.

Nous passâmes rapidement cette ville surchargée de tant de souvenirs, jetant néanmoins çà et là quelques regards à la dérobée et seulement comme pour en conserver mémoire ; car il nous tardait d'échapper à la responsabilité d'un plus long séjour dans des lieux dont l'histoire est si riche. D'ailleurs, plus nous approchions du but de notre voyage et plus les pensées qui s'y rattachaient naturellement semblaient nous dominer ; nous comptions impatiemment les heures qui nous séparaient encore de l'auguste famille que nous allions contempler dans son troisième exil.

La route parcourt de Leipsick à Dresde un terrain plat, bien cultivé et orné de charmans paysages ; de notre voiture nous prenions plaisir à voir bondir une multitude de lièvres qui, insoucians du bruit que nous faisions pour les mettre en fuite, venaient effrontément s'arrêter sous nos yeux : on nous a assuré que , chaque paysan au moment de la moisson , présentait , à son Seigneur , le mémoire des pertes que ces animaux avaient fait éprouver à ses récoltes et en recevait immédiatement le prix. C'est au moyen de cette disposition que les lièvres vivent en paix et se multiplient.

Nous rencontrions encore chemin faisant, des groupes de joueurs d'instrumens toujours prêts à nous donner une aubade , au moins cela ne nous manquait pas à chaque halte que nous faisions. La plus petite auberge du plus petit village a son orchestre organisé et bien souvent une délicieuse symphonie de HAYDN est venue nous dédommager d'un pauvre souper et d'un mauvais lit. Au reste on ne saurait s'étonner de rencontrer tant de musiciens en Allemagne ; cet art qui charme l'oreille devait nécessairement entrer pour beaucoup dans la vie d'un peuple qui semble fait exprès pour écouter. N'ai-je pas vu dix paysans fumer deux heures à la même table sans échanger une seule parole ! Les premiers jours, nous pensions qu'ils avaient honte de la rudesse de leur langage et que leur silence était une honnêteté qu'ils nous faisaient, mais, nous n'avons pas tardé à reconnaître que nous n'entrions pour rien dans leur réserve.

Que peuvent donc, se demande-t-on, après cela, les folles tentatives de nos révolutionnaires sur des hommes qui mettent toutes leurs jouissances dans le repos de l'esprit et dans les plus douces émotions de l'ame ? Pour moi, j'avoue que je ne saurais me figurer la tournure d'un Allemand immoral ou anarchiste *. Il faut avoir la légè-

* J'excepte ceux de nos frontières ; ayant passé alternativement des mains d'un peuple à celles de l'autre, leur caractère et leurs mœurs offrent un mélange bizarre du caractère et des mœurs des nations voisines.

reté de caractère du Français pour faire sup-
porter certains écarts. Nos vices passent sur
le compte de notre inconséquence. Nous
sommes libertins avec grace, irréligieux avec
esprit ; il semble à nous voir qu'il n'y ait jamais préméditation de notre part. Mais qu'un
Allemand au parler grave, à la démarche po-
sée et réfléchie, prenne tout à coup le
maintien et le ton impertinent de nos roués
incrédules, qu'il se donne les airs séduc-
teurs ou vauriens de nos fashionnables dé-
magogues, ce serait par trop risible. Leur
caractère de franchise et de bonhomie leur
va bien ; qu'ils s'y tiennent ; en restant ce
qu'ils sont, c'est-à-dire, pour la plupart mo-
raux, religieux et fidèles à leurs Rois ; ce
sera à nous à venir long-temps encore à leur
école.

A Dresde, le peuple est tout confus de se
trouver plus malheureux sous l'empire de la
constitution qu'il a sollicitée, qu'il ne l'était

sous la royauté absolue ; toutes les charges de l'État sont augmentées ; le commerce languit ; là comme ailleurs le libéralisme a complètement menti à ses promesses. Par malheur, depuis trois ans, l'entrée du royaume de Saxe est ouverte aux propagandistes, on n'ignore même pas qu'en ce moment ils travaillent avec ardeur à perdre la Famille Royale catholique dans l'esprit du peuple, qui est protestant, en s'appuyant, bien entendu, sur la différence de religion qui existe entr'eux : tous les moyens semblent bons à des hommes qui se sont faits moines à Varsovie et à Bruxelles, et athées à Paris, pour capter plus facilement la confiance des peuples qu'ils voulaient séduire. Cela nous explique parfaitement le cierge du maréchal Soult et le bréviaire de Dupin, et, au besoin, pourrait même nous donner la clé du fameux mot du Palais-Royal : « *J'ai toujours eu du goût pour la religion protestante.* »

Nous quittâmes Dresde à midi, et le soir, à sept heures, nous entrâmes dans la chaîne de montagnes qui sépare la Saxe du vieux royaume de Bohême; le temps était sombre, et l'obscurité devenait plus profonde à mesure que nous nous enfoncions dans les gorges. La route couverte de neige se dessinait à travers l'immense forêt de sapins qui couvre la montagne, comme un ruban blanc sur un drap mortuaire. Ce spectacle jeta du sombre dans nos pensées; toutes les vieilles chroniques des romanciers nous revinrent à l'esprit, c'était dans les profondeurs de ces forêts que les plus fameux brigands avaient jadis établi leur retraite; ces mêmes lieux avaient long-temps été le théâtre de leurs forfaits. De temps à autre, une clarté frappait subitement nos yeux; elle partait de quelque hutte isolée qui bordait la route. A la lueur mobile du brandon résineux qui éclairait la famille bohémienne groupée autour du

foyer, nous pouvions distinguer ces figures
pensives et mystérieuses, au regard médita-
tif, et la coiffure nécromancienne de quelque
vieille qui s'approchait de la fenêtre au bruit
que faisait notre voiture, et semblait jeter
sur nous, à la hâte, des gestes et des paroles
de malheur.

Toutes ces images, que l'heure avancée,
la nature des lieux que nous parcourions, et
jusqu'au nom du pays, grossissaient à notre
imagination, nous poursuivirent toute la nuit,
en sorte qu'au matin nous nous réveillâmes
les traits tirés et les yeux battus de rêves fan-
tastiques ; mais en jetant les regards autour
de nous, nous ne vîmes plus ni neige, ni montagnes, ni forêt, ni même les huttes bohé-
miennes. Tout cela avait disparu comme par
enchantement ; un immense plateau, semé
de prairies verdoyantes, de villages gracieux,
et coupé par plusieurs rivières, se déroulait

devant nous. Le soleil était rayonnant, notre conducteur nous apprit que nous approchions de **Prague** ; nous jetâmes un cri de joie!

CHAPITRE II.

✻

Le royaume de Bohême tire son nom et
son origine des Boiens, peuples sortis des
Gaules et conduits en Germanie par un neveu d'Ambigat, roi de Bourges. Dans la suite,
les Marcomans les ayant chassés, ils se ré-
fugièrent en Bavière.

Vers le 7ᵉ siècle, les Slaves, sortis de la Po-
logne, s'établirent dans le royaume de Bohême et s'y maintinrent ; ils étaient gouvernés

par des ducs qui, en 1199, avec l'agrément de l'empereur d'Allemagne dont ils étaient tributaires, prirent le nom de rois.

L'empereur Ferdinand s'étant fait élire roi de Bohême en 1527, rendit électif ce royaume jusque-là héréditaire, mais, par le traité de Westphalie en 1648, la couronne de Bohême fut déclarée apanage de la maison d'Autriche, et lui demeura par droit d'hérédité. Aujourd'hui, l'administration du pays est confiée aux mains d'un grand-bourgrave, qui gouverne pour l'empereur d'Autriche, et qu'on peut regarder comme vice-roi.

Prague, capitale de la Bohême, est une des belles villes de l'Europe ; on y compte de quatre-vingt-dix à cent mille habitans, dont un tiers sont juifs. La ville se divise en trois parties : la vieille, la neuve et la petite ville ; les deux premières sont placées sur la rive droite de la Moldau ; la petite ville qui oc-

cupe la rive gauche communique aux deux
autres par un pont d'une longueur assez con-
sidérable.

C'est du haut de ce pont que saint Jean
Népomucène fut précipité, par ordre du roi
Venceslas, à qui ce courageux évêque avait
refusé de révéler la confession de la reine.
La statue du saint martyr s'élève à la place
même où il consomma son sacrifice, et chaque passant ôte dévotement son chapeau
devant elle, car le respect humain n'a pas,
chez les Bohémiens, étouffé le respect des
choses saintes.

Outre la statue de saint Jean Népomucène, on remarque encore, sur le pont de
la Moldau, une quantité d'autres jolies sculp-
ptures; des groupes d'anges et de saints, des
évêques bénissant le peuple qui passe, une
descente de croix qui fixe l'attention de l'ar-
tiste, et, à droite, en tournant le dos à la

vieille ville, un grand Christ de bronze, avec les figures de la Vierge et de Marie-Magdeleine à ses pieds.

Après avoir quitté la vieille ville et passé sous l'arcade de la tour, qui forme comme l'entrée du pont, on lève les yeux et l'on reste frappé d'admiration à la vue du Hradschin, ou palais impérial, qui couronne tout le sommet de la montagne, où vient s'appuyer la petite ville.

C'est cet immense palais, qui ne le cède en rien à nos plus belles résidences royales, qu'habitent Charles X et sa famille ; le petit nombre de fidèles serviteurs qui ont le bonheur de partager son exil, se trouve comme perdu dans la vaste étendue de cet édifice. Sans doute l'empereur François a pensé qu'un Roi de France, tout exilé qu'il fût ne devait pas laisser que d'occuper une grande place dans le monde, ou peut-être, hélas ! a-t-il

cru que toutes ses douleurs viendraient y loger avec lui !

Le Hradschin, fondé par Wenzel, fut brûlé
en 1316, et rebâti en 1333 par un prince
Charles, sur le modèle du Louvre. Après la
mort de l'empereur Charles, en 1378, il cessa
d'être habité et demeura comme abandonné
pendant un siècle. C'est vers cette époque
que les Hussites, sectateurs hérétiques de
Jean-de-Hus et de Jérôme de Prague, com-
mencèrent à exercer leurs cruautés en Bohême.

En 1576, Rodolphe II vint habiter le
Hradschin ; ce prince, ami des arts et des
sciences, astronome célèbre, enrichit son
palais d'une foule d'objets précieux. On
retrouve encore, dans le jardin, une fon-
taine en métal et une statue d'Hercule, de
Pendel, qui datent de son règne.

En 1632, l'armée saxonne, sous les or-
dres de l'électeur Jean-Georges, enleva à la
ville de Prague une partie de ses riches an-
tiquités ; quelques années après Konigsmark,
général suédois, prit la ville d'assaut et
s'empara de ce qui restait d'objets précieux,
qu'il envoya à Stockolm. La plupart des tableaux, chef-d'œuvres du Corrège, furent
dégradés par Christine, qui fit couper les têtes
et les pieds des personnages. Les débris de ces
riches peintures passèrent depuis dans les
mains du duc d'Orléans. Enfin, le Hradschin, tel qu'on le voit aujourd'hui, ne re-
monte pas au-delà du règne de Marie-Thérè-
se, qui le fit construire sur un dessin de
Banosty, il ne fut achevé qu'en 1774, par
Lurago.

On ne retrouve que très peu de chose
des anciens édifices ; de vingt-deux tours,
quatre seulement sont encore debout ; l'une,
que l'on nomme *Daliborka*, ou tour blan-

che, servit de prison au roi Wenzel, en 1402, elle était particulièrement réservée aux prisonniers de grande naissance, qui se rendaient coupables de crimes de révolte ou de haute trahison. Une autre, appelée *Mihulka*, ou tour noire, ne devait jamais se rouvrir pour les coupables qu'on y enfermait. Ils y mouraient de faim.

On retrouve encore au Hradschin deux pyramides qui datent de 1618; elles furent élevées en l'honneur des comtes de Slamata et Mastinitz, à qui Dieu sauva miraculeusement la vie. Ces deux seigneurs chrétiens ayant parlé dans une assemblée en faveur de leur religion, furent jetés par les fenêtres, et n'en moururent pas.

Du haut du Hradschin, le regard embrasse à la fois toute la ville de Prague, avec ses toits d'un rouge vif, son large fleuve, ses architectures gothiques ou tudesques, ses cent quarante - quatre clochers, de toutes les formes, de toutes les dimensions, et dont la teinte d'un bleu d'azur tranche admirablement sur tout le reste.

Il faut avoir fait ce trajet avec la même rapidité que nous, et se trouver tout-à-coup en face d'un pareil spectacle, sous le soleil étincelant qui en relevait la spendeur, pour comprendre tout ce que cette vue a de magique et d'imposant.

Il faut se figurer qu'on est à trois cents lieues de Paris, au fond de la Bohême, au milieu d'une foule qui parle un langage inconnu, voir passer ce peuple, si singulièrement accoutré, ces moines de toutes couleurs, que personne n'insulte, puis, se retourner vers le palais, rendre aux grenadiers autrichiens le salut d'honneur qu'ils vous portent, et enfin se dire :

C'est là qu'est la famille royale de France, la plus noble famille du monde, le sang des rois, des martyrs et des saints !

CHAPITRE III.

*

En montant les degrés du Hradschin, je
me disais : Est-il possible que je sois dans le
château des rois de Bohême, qu'habite maintenant la famille royale de France? Se peut-
il que dans quelques minutes je me trouve au
milieu d'elle? Et je m'arrêtais pour respirer
un peu sur cette pensée, et donner à mon
esprit le temps de se familiariser avec elle. Je
me trouvais accablé par trop de sentimens à

la fois ; j'aurais donné la moitié de mon bonheur pour jouir avec calme du reste , et ne
sentir qu'une à une les douces émotions qui
m'arrivaient en foule. Enfin, nous nous ar-
rêtons devant une grande porte blanche à fi-
lets verts, elle s'ouvre ; c'est M. le baron de
Damas qui nous reçoit dans une vaste salle
tapissée de vieux tableaux noirs. Après quelques minutes de conversation : « Il n'est pas
l'heure d'entrer chez le Roi, nous dit M. de
Damas, mais la leçon de notre cher enfant
va finir, vous pourrez le voir ;.... il ne sait
qu'une partie de ses malheurs ; Messieurs ;
je vous prie, ne les lui dites pas tous. » De
grosses larmes roulaient dans nos yeux , à
peine si nous respirions ; un moment après,
un léger bruit se fait entendre, M. de Damas se lève et nous nous levons machinale-
ment avec lui... Le duc de Bordeaux était
devant nous.

Si vous savez le nom qu'on donne à une

pareille situation, dites, je vous l'abandonne, car, pour moi, je ne saurais...... Le prince nous avait salué depuis long-temps, que nous ne songions pas même à le lui rendre. Nous ne parlions pas, nous ne bougions pas, nous ne pensions pas, nous restions là, dans une indicible extase, admirant comment sont faits les enfans que le Ciel donne.

Oh! vraiment ils sont beaux, ceux qui naissent d'un miracle! oui, courage donc! « C'est ainsi que Dieu les sème sur des jours de stérilité. » Le prince venait de prendre place à nos côtés, mais, au même instant, on l'avertit que sa sœur approche; aussitôt, prompt comme un oiseau, il s'élance au-devant d'elle; c'est alors que nous pûmes admirer sa taille élégante et souple, son maintien gracieux et sa belle prestance; il trouve Mademoiselle qui entrait: il la saisit vivement par la main, et s'écrie: « Viens donc, accours vite, voilà trois de nos bons amis de

France. » Ensuite il revient vers nous d'un pas posé, le visage haut, mais rouge d'émotion et de joie.

Les deux royaux orphelins étaient devant nous, leurs regards semblaient interroger les nôtres avec inquiétude, et nous dire : « Nous voici deux enfans, nous n'avons plus de mère. » J'ouvris la bouche pour lui dire : Réjouissez-vous, j'apporte de ses nouvelles ; elle est en France, dans ce beau pays qu'elle aime ; elle y est avec Louis-Philippe, son oncle, avec Marie-Amélie, sa tante, avec Mlle Adelaïde, son autre parente, toutes bonnes gens de votre famille qui doivent être bien heureux de la posséder. Quelle fête ce doit être au Palais-Royal ! Mais je m'arrêtais, songeant à Louis XVI et à Marie-Antoinette, et me disant : Si, par malheur, Louis-Philippe allait...
......ressembler à son père ! !!

On avait dit nos noms au jeune Prince ; il

nous regardait avait ses beaux grands yeux ,
dont l'expression échappera toujours au pin-
ceau ; Mademoiselle aussi savait qui nous
étions , et plusieurs fois Son Altesse s'appro-
cha de nous, avec une grace inexprimable ,
pour nous faire entendre des paroles aussi
douces qu'Elle.

Trop émus pour y répondre convenable-
ment nous ne savions que protester de notre
dévoûment ; nous leur répétions que nous é-
tions prêts à mourir pour leur cause ; mais ,
en vérité , ce n'était guère , car , après qu'on
les a vus , la chose doit être bien aisée à
faire.

Un accueil non moins flatteur nous at-
tendait chez le Roi , chez Monseigneur le
Dauphin , chez Madame la Dauphine. Ce
jour, qui pourrait faire époque dans une vie
cent fois plus relevée que la mienne , de-

vait me voir comblé de plus d'honneurs que je n'en eusse jamais pu prétendre.

M. le duc de Blacas, qui nous avait promis de nous présenter au Roi, vint nous prendre dans le salon, et nous ouvrit lui-même la porte du cabinet de Sa Majesté.

Maintenant on entre chez le Roi de France comme chez un simple particulier, tous les prestiges de grandeur, qui jadis rehaussaient le monarque aux dépens de l'homme, ont disparu ; personne, hormis Charles X, ne pouvait gagner à cet étonnant changement. Comme il donnait plus à la royauté qu'il ne recevait d'elle, il s'est trouvé plus riche après sa chute qu'avant ; chez lui, à la majesté du trône est venu tout-à-coup succéder la triple majesté de l'âge, du malheur et de la vertu.

Le voilà donc, qui nous reçoit avec bonté;

qui rassure notre timide embarras, qui
nous parle long-tems de la France et s'infor-
me si « Charles X , une fois absent et exilé ,
elle a encore des vœux à former pour son
bonheur ! »

Il était calme , et nous ne l'étions pas , il
souriait et nous pleurions ; sans doute il aurait pu nous dire , comme le fils de l'homme
portant sa croix , « ne pleurez pas sur moi,
pleurez plutôt sur vous et sur vos enfans ».
En vérité , ce n'est pas de la douleur, ce
n'est pas tant non plus de l'indignation , c'est
de la surprise qu'on éprouve en voyant tant
de vertus et de grandeurs méconnues ; tout
familiarisé que l'on soit avec les funestes événemens qui ont déterminé l'exil du meilleur
des Rois , on ne peut les comprendre ; on sait
comment cela s'est fait, on ne sait comment
cela a pu se faire.

Qu'étaient-ils donc, ceux qui ont eu le

courage de le proscrire ? D'où venaient-ils ?
Car enfin , si l'on sait , à n'en pouvoir dou-
ter, que ce fut un Juif qui livra notre bonne
Duchesse , ne pourrait-on pareillement savoir à quelle secte de réprouvés appartenaient
ceux qui ont trahi Charles X ?

Auri sacra fames ! Une abominable soif
d'or , voilà le mot de l'énigme, que trois ans
d'expérience nous ont dévoilée (1). Avec quel
ques vertus de moins , Charles X règnerait
encore , et aux mêmes conditions le Dauphin
eût succédé.

Les ennemis , ou les amis de leur pouvoir,
dans leur impuissance à leur trouver des
crimes , se virent réduits à dénigrer leurs
vertus ; la courageuse résignation de Monseigneur le Dauphin fut traitée de manque
d'énergie ; la piété du Roi servit de texte à

* Voir les notes concluantes à la fin.

mille railleries bouffonnes. Et les descen-
dans de cette même population parisienne
qui, 6090 ans auparavant, suivait pieds nus
et la corde au cou le saint Roi Louis, en
procession, à Notre-Dame, accablèrent de
mépris et d'injures un de ses petits-fils, parce qu'il se souvenait encore du Dieu qu'avaient
servi ses pères.

Qu'on ne s'y trompe pas, ce n'est pas seulement la royauté qui fut outragée dans la
personne de Charles X, c'est la religion,
c'est l'Église tout entière. Si, comme l'a dit
M. de Chateaubriand, *on a fait un Roi pour
forcer l'Europe à reconnaître la Souverai-
neté du peuple*, il est clair qu'on en a chassé
un autre pour prouver à l'Église le mépris
qu'on faisait de l'onction sainte dont elle
avait sacré son front.

Allez voir, diront-ils maintenant aux
Chrétiens avec dérision, allez voir ce que

nous avons fait de celui que vous appeliez l'oint du Seigneur !

Eh bien ! oui, nous le savons, l'oint du Seigneur a été outragé, proscrit, abandonné par vous ; vous n'avez respecté en lui ni le droit, ni la naissance, ni vos lois, ni la religion qui l'avaient placé au trône ; vous avez déprisé ses vertus, maltraité sa vieillesse, vous n'avez épargné aucune sorte d'humiliation à ses cheveux blancs.

Vous avez tué son frère, sa sœur, sa belle-sœur, son neveu, deux de ses cousins ; vous avez aussi tué son fils et emprisonné sa fille, vous vous êtes emparé de son patrimoine, et quand il a été comme écrasé sous le poids de tant de douleurs, vous l'avez jeté aux nations étrangères en disant : Le voilà, nourrissez-le ; en sorte qu'il s'en est allé, sans vous maudire, emmenant avec lui ce qui lui restait d'enfans ; et maintenant que ceux qui l'aiment , veuillent le revoir encore ? Il leur faudra aller de royaume en royaume , de ville en ville au-delà des montagnes de Bohême , demandant aux passans du chemin, s'ils n'ont pas vu le Roi de France ?

O mes compatriotes ! je me sens pressé de vous absoudre d'un si grand crime. Non , vous n'avez pas connu ces bons , ces excellens Princes , et, bien que vous ayez joui quinze ans par eux d'une prospérité, jusquelà sans exemple , bien qu'à leurs nombreux bienfaits , vous ayez pu reconnaître leur noble désintéressement et la générosité de leur caractère , vous ignorez encore à quel degré d'élévation sublime ces cœurs-là peuvent atteindre.

Croyez-vous, qu'après tant de maux , ils aient une plainte à exprimer, un reproche à faire ? Croyez-vous qu'ils avouent seulement que la France soit coupable envers eux ? La

France ! bon Dieu ! avec quelle émotion tou-
chante ils en parlent, comme ils s'enorgüeillis-
sent de lui appartenir ! Un peu plus, ils s'ac-
cuseraient de n'avoir pas fait assez pour elle,
eux qui lui ont tout donné, leur sang et leur
or, car, n'est-il pas vrai qu'ils s'en sont allés
plus paurres et moins nombreux qu'ils
n'étaient venus ?

Je sais qu'on a surtout reproché à Madame
la Dauphine de ne pas aimer la France, et
tout injuste que soit ce reproche, je conçois
qu'on l'ait fait à la fille de Louis XVI, à la
sœur du jeune Dauphin ; il n'entre pas dans
l'esprit de tous les hommes une somme suffi-
sante de grandeur et de générosité pour comprendre comment le pardon peut trouver
place dans un cœur si profondément ulcéré.
C'est donc dans l'impossibilité d'expliquer un
sentiment qui dépasse toutes les forces hu-
maines qu'on s'est mis à la calomnier. Mais
ceux qui ont osé le faire, ne connaissent pas

notre héroïne de douleurs. Ils ne savent pas que la femme qui, à elle seule, a amassé plus d'afflictions qu'il n'en faudrait pour empoisonner trois existences, a reçu du ciel une âme à la hauteur de ses infortunes.

Parlez-lui de la France, et vous verrez ce qu'elle vous répondra, ou plutôt, elle ne pourra répondre, car ses larmes l'en empêcheront. Pour apprécier l'amour qu'elle nous garde, il faut savoir que les mères ont coutume d'entourer de plus d'affections l'enfant qui leur coûte le plus de larmes ; Madame la Dauphine a pour la France un cœur de mère, et la France n'a rien épargné pour redoubler sa tendresse.

Il me serait au reste impossible de rapporter ici tout ce que ces bons Princes nous dirent de choses touchantes et faites pour rester dans la mémoire. Ils n'oublient rien des moindres services qu'on leur rend, tous leurs vrais

amis sont présens à leur souvenir et leur reconnaissance, qui, cette fois, n'a plus d'in-
termédiaires infidèles, éclate dans les plus
petites choses.

Madame la Dauphine me fit voir sur sa table une collection complette de mes Cancans ;
je ne sais d'où ils lui venaient, je n'avais jamais songé à les lui adresser.

Le Roi aussi eut la bonté de me dire qu'il
les connaissait et me fit comprendre, en riant,
que j'avais été un peu loin sur *certain Chapitre;*
il avait lu pourtant le Moniteur du 26.

Ce fut encore Madame la Dauphine qui
apprit à MM. de Maynard qu'ils venaient d'être
condamnés à mort. Ces MM. eurent l'audace
d'en rire, ce qui me fit l'effet d'une épigramme
contre le Gouvernement de Louis-Philippe.
Mais, en vérité, pouvaient-ils s'en affliger ?
Qui n'est pas condamné à mort aujourd'hui?

C'est à mon avis la chose la plus bouffonne du monde, à l'exécution près , et le Gouvernement de Juillet , comme on sait , n'exécute pas plus les ho mmes que les choses ; il y a chez lui prodigalité de mots et avarice de faits ; il ne ressemble pas mal de loin à un grand épouvantail.... C'est la défroque de Bonaparte pendue à une mauvaise branche.

Quoi qu'il en soit, il ne nous échappa pas à Prague le plus petit mot d'indignation contre la personne du Roi populaire, et, en cela, nous suivions l'exemple de nos maîtres ; comme on voit les Briqueville et les Bugeaud prendre exemple du leur.

Tous les jours nous montions au Hradschin. Tous les jours même accueil de la part de l'auguste famille, même admiration de la nôtre , et comment des Français cesseraient-ils d'admirer des vertus auxquelles il n'est pas un étranger qui ne se montre sensible ! A

Prague la louange des augustes exilés sort de toutes les bouches ; tout ce que la noblesse du pays compte de plus illustre s'empresse à leur faire la cour, et forme habituellement autour d'eux comme une atmosphère d'hommages et de respects. J'ai vu des Princes Souverains venir demander à M. de Blacas des nouvelles de la santé du Roi Charles X.

Ainsi partout où cette famille passe, un culte de vénération la suit ; si elle s'éloigne, on la pleure, et les pauvres gardent long-tems et religieusement sa mémoire.

CHAPITRE IV.

※

Si ces lignes devaient rester entre les mains des Royalistes à qui je les adresse, ayant à leur parler du jeune Prince , objet de leur tendre sollicitude , je me contenterais de leur dire: « Rassurez-vous , il justifiera votre attente..... Le miracle s'achève , et la Providence poursuit visiblement en lui la grande œuvre qu'elle a commencée. »

C'en serait assez , sans doute , et les Royalistes , pour la plupart gens de foi religieuse ,
comprendraient mes paroles. Mais, il peut arriver qu'il n'en est pas ainsi. Et d'ailleurs, les
choses en sont venues à ce point en France
que bien des hommes , d'abord admirateurs
enthousiastes de l'ordre de choses émané de
Juillet , jettent aujourd'hui , désabusés qu'ils
sont, leurs regards inquiets dans l'ave-
nir , cherchant un but à leurs pensées , une
planche de salut pour le naufrage qu'ils
prévoient.

Je veux donc qu'ils apprennent , si ce livre
passait sous leurs yeux , que le Duc de Bordeaux , ce jeune et noble héritier de soixante
Rois ses aïeux , est digne de fixer leur espoir.

Je ne ferai pas valoir ses jeunes infortunes;
à l'appui de ses droits , je ne le représenterai
pas , nouveau né de la tombe et des larmes ,
en habits de pélerin , à genoux , demandant

à Dieu la paix du Ciel pour son père assas-
siné, et aux hommes un peu de pitié pour
sa mère captive. Les cœurs faits pour s'émou-
voir à ces sortes d'images sont bien rares
aujourd'hui ; on ne retrouve plus que quelques
étincelles éparses de ce feu chevaleresque,
qui brûlait aux cœurs des anciens preux,
tôujours prêts à prouver jusqu'au sang leur
fidélité et à mourir, rien que par redevance,
pour leur Seigneur et Maître.

Le siècle est dur et péçunieux, il veut du
positif, des garanties, comme il dit ; il exige
que, nonobstant les droits qui lui assurent
une couronne, un Prince la mérite encore
par de brillantes qualités ; ensorte que, le
choix, s'il avait été possible, n'eut pu mieux
faire que de tomber sur lui. Eh bien ! qu'il
jette les yeux sur le jeune enfant que je lui
présente ; enfant ! ai-je dit ? il ne l'est déjà
plus : Henri de France à sa treizième année
ferait déjà mieux que d'autres à qui l'âge n'a

plus rien à donner ; il porte le front haut ,
mon Prince, et sait déjà bien que pour prétendre à gouverner un grand peuple , la première condition est d'être aussi grand que
lui. Témoin des événemens qui se sont passés
sous ses yeux , sa raison a fait effort pour y
atteindre , en même tems qu'il s'instruisait
aux leçons des hommes sages qui l'entourent,
l'adversité lui donnait la sienne ; c'est à cette
double école que son jugement s'est formé.
Non , ils ne croient pas que les titres de ses
aïeux lui suffisent, ceux qui travaillent avec
tant d'ardeur à faire un homme du jeune
Duc ; ils veulent qu'un jour il puisse défier
hardiment ses concurrens à toutes sortes de
combats , et, qu'une fois entré en lice avec
eux , il l'emporte autant par la vaillance ,
le savoir et le bien dire , que par la supério-
rité reconnue de ses droits sur les leurs.

Ou toutes les prévisions trompent, ou cet
enfant sera bientôt un homme plein de vertu

et de courage, qui comprendra son siècle et
et lui fera faire un pas immense vers le mieux.

Pour moi, qui écris ceci après avoir eu le
bonheur de le voir plusieurs fois, qui me suis
trouvé présent à ses exercices, qui ai eu l'in-
signe honneur de l'entendre discourir, admis
à sa table, à son côté, qui, désespéré lorsque
l'heure de le voir était passée, ne m'en con-
solais qu'en parlant de lui avec ceux qui l'entourent, j'hésite encore à tracer ces lignes,
dans la crainte qu'on ne prenne une juste
appréciation pour de l'enthousiasme. Mais
non, tout ce que j'en dis, tout ce qu'en ont
dit ceux qui l'ont vu *, tout ce qu'en disent
encore ceux qui le voient, tout est vrai,
j'ajouterai même, est au-dessous de la vérité ;
il est encore vrai, et cet aveu doit me méri-

* Notamment dans une brochure sur Prague qui
vient d'être publiée, et dont j'ai lu l'extrait dans le
Revenant.

ler croyance , que son admirateur né j'accou-
tais à Prague le cœur rempli de la gracieuse
image que je m'étais faite de lui; je me plai-
sais à lui prêter mille charmes imaginaires ,
j'étais en un mot bien décidé d'avance à le
trouver admirable quand même ; eh bien !
nonobstant cette disposition exagérée , toujours si funeste à son objet , et d'après laquelle
la réalité n'a plus qu'à perdre , je l'atteste ici,
le Duc de Bordeaux m'étonna encore ; il
m'étonna par l'étendue de ses connaissances,
par la vivacité de son esprit, par la force de sa
constitution physique, par la hardiesse de ses
exercices d'équitation (2). Il m'étonna comme
il étonnera tous ceux qui le verront quelle que
soit la disposition de leur cœur (3) ; et après
l'avoir vu , ils seront forcés de s'écrier avec
moi : Cet enfant ne serait pas le Duc de Bordeaux , qu'il serait encore le plus grand et le
premier des enfans de son âge.

Qu'ajouterai-je maintenant à ce tableau si

rapidement tracé? En ai-je dit assez pour sa-
tisfaire l'avide curiosité des Royalistes , assez
pour toucher ceux que l'intérêt ou l'ignorance
a fait les ennemis de cette cause juste et
sainte ? Je ne crois pas, mais, j'en ai dit peut-
être trop pour la jalouse susceptibilité de telle
famille, qui trouve fort inconvenant qu'on
aille chercher si loin des sujets de dévoûment,
qu'on s'avise d'admirer ailleurs que chez elle;
il lui semble , comme au hibou de la fable,

> Que ses petits sont mignons ,
> Beaux, bien faits et jolis sur tous leurs compagnons.

Cela est bien naturel sans doute.

> De petits monstres fort hideux ,
> Rechignés . . . . , . , .

Je m'abstiens ! Je ne dois pas entremêler
mes souvenirs de Prague de peintures déplai-
santes. Le contact si récent encore de mes
augustes Princes sérène mon front, parfume
mon être , je ne saurais médire sitôt après
avoir respiré l'air de leur vertu.

Ne devant rester que très peu de jours à Prague, nous atteignîmes bien vite le dernier; c'était un dimanche, jour où la famille Royale a coutume de se réunir chez Sa Majesté un peu avant la messe; toutes les personnes attachées à leur maison y sont admises; nous y allâmes pour prendre congé. Là plusieurs fois de suite Monseigneur le Dauphin et Madame la Dauphine s'approchèrent de nous. Toujours, ils avaient quelques mots d'encouragement à nous donner; il semble, en vérité, que ces bons Princes oublient leurs propres malheurs pour ne s'occuper que de ceux des autres, et pourtant nous étions bien loin de nous plaindre de notre sort. J'ai dit plus haut comment MM. de Maynard avaient reçu l'arrêt qui les condamnait à mort. Quant à moi, mon exil me semblait doux, en songeant que j'avais au moins ce côté de ressemblance avec l'auguste famille.

Dans cette dernière entrevue, Sa Majesté

me fit l'honneur de m'entretenir assez long-
tems. Ceux qui croiront que j'en ressentis
quelqu'orgueil, se tromperont; assez d'autres
sentimens se remuaient en moi ; et la seule
pensée que j'allais laisser nos Princes si loin
de la France me brisait le cœur. Oh! si,
messager de consolation et de paix, j'avais
été chargé de préparer leur retour dans la
Patrie! si j'avais eu mission de leur dire :
Venez! alors, oui, sans doute, j'aurais eu
de l'orgueil..... C'était là de mes rêves.......
Combien de fois, emporté par mon dévoûment, ne me suis-je pas surpris, sur le point
de leur offrir sérieusement mon intervention,
comme si elle eût été bonne à quelque chose.
J'allais leur dire : « Je porterai plainte à la
France de ce que j'ai vu ; j'en appellerai à sa
fidélité, à son amour, à sa religion, à tous
les nobles et généreux sentimens qui lui
restent, je me présenterai devant elle vêtu de
deuil et la tête voilée, comme au tems des
calamités publiques ; je ne viendrai pas en

perturbateur , je viendrai en suppliant ; au lieu de cris séditieux , je pousserai des cris de douleur ; je ne déploierai pour drapeau que le mouchoir qu'une auguste veuve a trempé de ses larmes ; ou bien celui avec lequel elle essaya vainement d'arrêter le sang qui s'échappait en flots du cœur de son époux , il sera presque semblable au leur. C'est ainsi que j'aborderai la France, et je lui demanderai compte de l'exil de son Roi , de l'injuste captivité de sa fille ; je demanderai de quel crime cette dernière est coupable ; si c'est la loi ou la vengeance qui la frappe? si c'est l'intérêt de tous , ou l'intérêt d'un seul qui la condamne? Je mettrai ses bienfaits d'un côté , et ses souffrances de l'autre, son héroïsme maternel en regard de l'odieux soupçon dont on veut la flétrir. J'en appellerai aux mœurs , à la civilisation qui repoussent avec horreur ces mesures tyranniques, ces secrètes tortures.

J'interpellerai ceux qui font taire la loi, quand ils savent qu'elle doit absoudre. Je viendrai au nom de deux orphelins redemander leur mère, en offrant de laisser les cendres de leur père en ôtage! Insensé! Je ne refléchissais pas que la France opprimée, quand même elle entendrait mes plaintes, n'aurait plus la liberté d'y compatir. * »

* N'est-ce pas à la France que Jérémie adresse ces paroles! « Comment cette nation, remplie d'un peuple si nombreux, est-elle aujourd'hui désolée ? La maîtresse des cités est devenue comme une veuve........ Courbée sous le joug de l'oppression , ses ennemis se sont élevés au-dessus de sa tête...... Ses persécuteurs, plus prompts que des aigles...... ont porté leurs mains sur tout ce qu'elle avait de plus précieux et de plus sacré..... ils ont eu des visions fausses et insensées..... ils concevaient des rêves trompeurs de félicité et de délivrance.... Nous voilà devenus par l'enlèvement de notre Roi comme des orphelins qui n'ont plus de pères..... néanmoins gardons-nous de trembler devant ces fausses divinités... elles ressemblent à un vase frêle, elles n'ont ni

En sortant de chez Sa Majesté, nous allâmes faire une dernière visite à Monseigneur le Duc de Bordeaux ; nous le trouvâmes dans son grand salon , fesant une partie de balle avec les enfans de monsieur le Duc de Guiche et quelques autres jeunes gens de son âge , parmi lesquels son agilité le fesait reconnaître. Dès qu'il nous aperçut, il quitta le jeu, et vint à nous avec son grand air posé et refléchi que je lui avais déjà remarqué. Un moment après MM. de Maynard s'étant mis à causer l'un avec M. le Baron de Damas , l'autre avec M. de Barante, le Prince demeura dans une embrasure de fenêtre , seul avec moi et M. d'Hardivillier , son maître de dessin ; là je pus le voir encore et l'entendre tout à mon aise ; mais , combien je me reproche aujourd'hui de n'avoir pas dérobé plus de

le pouvoir de donner la couronne ni celui de l'ôter... la veuve ne peut attendre d'eux aucune compassion, ni l'orphelin aucun bienfait... » (Jér. ch. 143 et 144.)

tems au plaisir que je prenais à l'écouter,
pour lui parler moi-même davantage. Que
de choses j'avais à lui dire ! Combien de com-
pagnons de captivité dont j'aurais pu lui ap-
prendre les noms , en le priant d'en garder
souvenir ! Il est vrai que d'autres personnes
de sa famille les savent et ne les oublieront
pas.

Avant de prendre congé du royal Enfant,
M. de Maynard père lui présenta une petite
bague , tressée en perles et en crins , qu'un
malheureux Vendéen, condamné aux galères
pour crime de fidélité , l'avait chargé d'offrir
de sa part aux illustres orphelins. Cette of-
frande, d'un sujet dans les chaînes à ses
Princes exilés, avait quelque chose de bien
touchant , aussi le jeune Duc l'accepta-t-il
avec reconnaissance. Déjà Mademoiselle , en
recevant le pareil cadeau s'était écriée : « Que
ne puis-je faire savoir à ce dévoué serviteur
combien je suis touchée de son hommage. »

J'espère qu'une voix amie pénétrera dans le séjour d'horreur que la meilleure des républiques a donné pour asile à ses vertus , et réjouira son cœur par les paroles touchantes de Mademoiselle.

Enfin Monseigneur le Duc de Bordeaux nous voyant prêts à le quitter, nous tendit sa main avec un air de franchise et de cordialité qui sied si bien à l'héritier de Henri IV. Nous l'approchâmes de nos lèvres avec un tendre empressement , en lui renouvelant mille fois les témoignages de notre amour. « Saluez ma Patrie, nous dit le jeune Prince , et faisons des vœux.... » « Ah! Monseigneur, ce ne sont pas des vœux que nous faisons pour vous , nous espérons faire mieux que cela!......... » J'allais lui donner rendez-vous en France.... Mais , je crus entendre une voix qui me disait : « Laissez faire la Providence! »

FIN.

NOTES CONCLUANTES.

NOTES CONCLUANTES.

✳

(1) Ainsi, Roi, vous êtes jeté en exil pour n'avoir
pas compris *les exigences de l'époque*, *les besoins
du pays*, (comme ils disaient). Or, savez-vous ce
que l'Époque exigeait ? Connaissez-vous maintenant ce qu'entendaient, par les besoins du pays,
ceux qui se proclamaient les mandataires nés de la
France.

Écoutez : la nation ne veut pas de budget, la
nation ne veut pas de gendarmes, la nation repousse les ordonnances, la nation déteste la légitimité qui veut tout cela. — Bien, mais, que veut la
nation ? — Le voici, la nation veut deux budgets,
la nation veut un nombre dix fois plus grand de

gendarmes , la nation réclame l'état de siége et les lois exceptionnelles. La nation demande un régime de police et d'espionnage. — Oh! C'est bien différent, eût dit Charles X, je comprends que la révolution de juillet est nécessaire à la nation, et je m'en vais.

Qu'avait-il de mieux à répondre à chacun de nos grands comédiens, en supposant qu'ils fussent venus lui dire; — Sire, je suis ladre et envieux, je joins à cela une foule d'autres vices qu'on ignore. Comment dois-je m'y prendre pour les mettre au jour? — Faites la révolution de juillet.

Sire, je suis riche, très- riche, j'ai un grand nombre de maisons à la ville et à la campagne, qui ressemblent à des palais; on marche chez moi sur des tapis du plus haut prix. On boit à ma table des vins exquis qui portent mon nom ; j'ai, comme un Souverain des solliciteurs à ma porte et des courtisans dans mes antichambres. Quand je marie ma fille , son trousseau reste un mois exposé à l'admiration publique. C'est au point que les Princes portent envie à ma magnificence. Cependant, je suis loin d'être satisfait; une chose manque essentiellement à mon bonheur, et..... la voici, je voudrais

être réduit à demander l'aumône. — Faites la révolution de juillet.

Sire, j'ai 80 ans et une figure homérique, j'ai
une réputation de six pieds un pouce, c'est-à-dire
de ma taille, je suis l'idole des libéraux, le jalon
des deux mondes, le parpaing de la liberté. Les
Parisiens se battent pour me voir, et si, par malheur
je venais à décéder, il est à croire qu'ils verseraient
des larmes de sang sur ma tombe. Néanmoins je ne
mourrai content que lorsque j'aurai vu outrager
mes cheveux blancs par un public et dernier affront,
et que ma personne toute entière sera devenue la
risée de ce bon peuple qui m'admire. — Faites la
révolution de juillet.

Sire, aurait dit un journal, je crie bien haut
contre vous, j'ai en horreur la légitimité, je jette
feu et flamme contre vos tribunaux qui ont osé
me condamner deux ou trois fois en quinze ans.
Eh bien! mon bonheur serait complet si je voyais
multiplier mes saisies et mes amendes, au point de
me voir réduit à solliciter la générosité du public.
— Faites la révolution de juillet.

Sire, je voudrais une volée de coups de crosses
sur les reins. — Faites la révolution de juillet.

Sire, la France ne connaît pas tout ce que je vaux,

mes parjures, mes vols, mes perfidies n'ont encore
obtenu qu'une quasi-publicité. — Faites la révolution de juillet.

Sire, j'ai de vieux drapeaux en réserve et mon
dernier serment à vendre. — Faites la révolution
de juillet.

Ainsi de suite à tous ceux qui étaient las d'être
heureux, et à qui il ne manquait que d'être ruinés
ou déshonorés pour vivre.

(2) J'étais au manége, causant avec M. de Lavillatte, j'admirais le noble cœur dont la nature a
doué ce brave des braves, en même tems qu'elle a
placé sur sa figure martiale les deux plus beaux
panaches blancs que j'ai vu de ma vie. En ce moment Mademoiselle se tourne vers moi, et me fait
l'honneur de m'avertir que Monseigneur le Duc de
Bordeaux, ayant changé de cheval, allait se livrer à
de nouveaux et plus sérieux exercices ; sérieux !
je le crois bien, car à peine ai-je jeté les yeux sur
lui que le voilà emporté par le cheval, qui se cabre,
rue et finalement le jette à terre ; je le cru perdu,
car le cheval continuait ses cabrioles. Ne pouvant
soutenir un pareil spectacle, je détournai la tête,

prêt à défaillir. Mais, au même instant, j'entends rire à mes côtés ; rassuré, je regarde, on riait de moi : imaginez que ce qui venait d'arriver était, sans que j'en susse rien, la plus belle chose du monde. Le Prince dans sa chûte n'avait pas abandonné les rênes, et ce haut fait d'équitation, que je ne connaissais pas, lui valait les applaudissemens de son maître (M. O'Eguerty), qui du reste n'en est pas prodigue avec lui. Le lendemain, quand je revins au manége, la leçon étant presque terminée, Monseigneur me fit l'honneur de me dire aussitôt qu'il m'aperçut : « Vous avez bien fait de ne pas venir plutôt, — pourquoi cela ? Monseigneur ! — Parceque je suis encore tombé, mais d'une façon autrement sérieuse, n'est-ce pas Lavillate ? Voilà comme on l'élève.

(5) C'est ce qui arriva dernièrement à Edimbourg. Un riche négociant français, que les affaires de son commerce appelaient en Écosse, y emmena avec lui sa femme et sa fille, à qui il était jaloux de faire admirer le beau pays que Walter-Scot a rendu si célèbre.

Dans le courant de son séjour, une personne de

sa connaissance lui propose de visiter le vieux château des Stuarts. Aussitôt le négociant de se récrier,
et de mettre en avant ses antipathies, la différence
de ses opinions, que sais-je ? enfin tous les motifs
qui l'éloignent d'une famille, au bannissement
de laquelle il a si puissamment contribué. La personne insiste, elle se moque de ses scrupules, et
lui fait comprendre que n'étant pas personnellement connu des exilés, il lui sera facile, dans le
cas où il les rencontrerait, de garder l'anonyme.
Le négociant se rend enfin à cette dernière raison,
que semblait appuyer le vif désir que sa femme et
sa fille témoignaient d'y aller.

Les voilà donc qui pénètrent dans l'antique donjon, et parcourent ses vastes salles sans rencontrer
le moindre obstacle, déjà même ils se flattaient intérieurement d'échapper aux regards de ceux dont
la présence leur semblait si fort à redouter. Vain
espoir; un jeune enfant les a vus, il accourt, il
s'élance au-devant d'eux, les salue et leur tendant
les bras : « Ah ! vous êtes Français, leur dit-il,
l'écho des voûtes a porté à mon oreille attentive les
chers accens de ma patrie ! » Puis, il leur prend les
mains, les serre amoureusement dans les siennes,
et des larmes circulent le long de ses joues vermeil-

les. Les voyageurs étonnés, attendris, admirent ce
bel enfant dont le cœur est si bon, la voix si tou-
chante ; ils lui trouvent même je ne sais quel air
supérieur à celui des autres enfans. Ils veulent l'interroger : — Qui êtes-vous ? lui demandent-ils ?.....
L'enfant lève aussitôt vers eux ses yeux charmans,
je suis, dit-il, l'orphelin d'Édimbourg.... — Quoi !
vous seriez ?...... — Monseigneur ! dit en ce moment une voix qui s'inquiétait de son absence.
C'était celle de M. de Lavillatte, son brave compa-
gnon, qui paraît un instant après, pour être témoin
du spectacle le plus touchant qu'il y ait jamais eu
sous le ciel. Le jeune Prince était dans les bras du
négociant, qui le pressait sur son cœur ; les deux
dames sanglottaient..... — Nous étions vos ennemis, Monseigneur, nous sommes coupables d'une
partie de vos maux ; mais, si notre vie pouvait ra-
cheter notre erreur... ? Ah ! qu'il nous serait doux
de la donner ! Pardon, disaient les dames, pardon ;
oui, répétait le voyageur lui-même, pardon, noble
sang de mes Rois, et, en s'éloignant, le cœur dé-
chiré, ils répétaient encore : Pardon !

Vous ne voulez plus de Bourbons ! dirai-je, en
terminant, à quelques hommes. Impossible. Vos
efforts seront vains ; vous n'en isolerez pas la France,

dont ils sont comme le centre, l'âme, le palladium ; c'est peu de les proscrire, si vous ne détruise pas tous les titres qu'ils ont à son amour ; ne voyez-vous pas cette foule de monumens qui témoignent de leurs bienfaits, ou de leur gloire ? Ils parleront toujours plus haut que vous aux cœurs généreux, et, Dieu merci, il en existe encore.

Ne savez-vous pas que la première révolution, qui avoit le sens commun qui vous manque, résolut aussi de les bannir ? Mieux que vous, sans doute, elle savait s'y prendre. Elle mit la main à l'œuvre en grand ; elle commença par détruire les tombeaux, sachant bien que ce sont là les premiers témoins que la postérité interroge ; elle jeta au vent les cendres de plus de deux cents Rois ou Princes, elle renversa douze mille abbayes que leur piété avait fondées ; elle abattit cinquante mille Eglises ; enfin elle proscrivit la religion elle-même, qui les nommait ses fils aînés. C'était peu encore ; continuant sa besogne, elle rase les châteaux, brisa sans pitié les statues, les sculpteurs ; déchira les tableaux des plus grands maîtres, puis quand elle eut fait tout ce bel ouvrage, elle s'aperçut qu'elle n'avait encore guère avancé, parce que l'histoire était là, qui, à chaque page, rappelait leurs noms et leur gloire.

Et vous ! qui n'êtes que des sans-culottes de salon, vous, qui n'avez à leur opposer que des lois Briqueville et la calomnie, qui ne comblez le déficit de leur absence qu'avec des misères ; vous croyez que la France s'en va, sur votre avis et rien que pour vous mettre à l'aise, faire divorce avec ses Rois ? Votre erreur est grande !

FIN DES NOTES.